David

BEAUCOUP DE BEAUX BÉBÉS

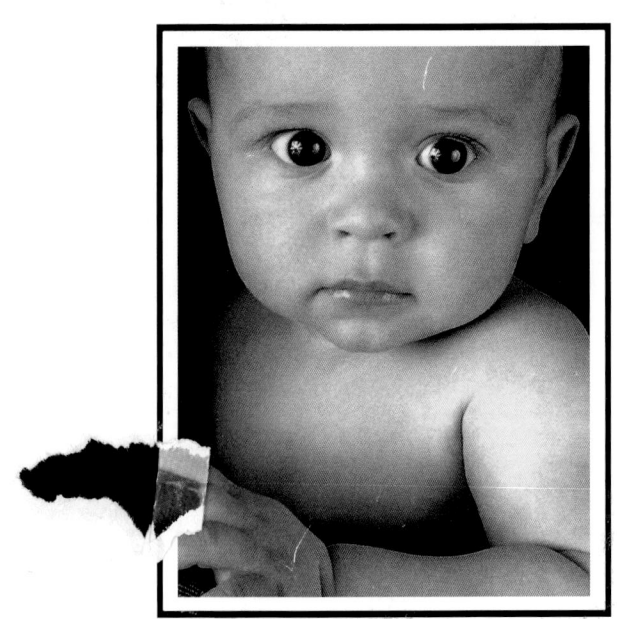

PASTEL
l'école des loisirs

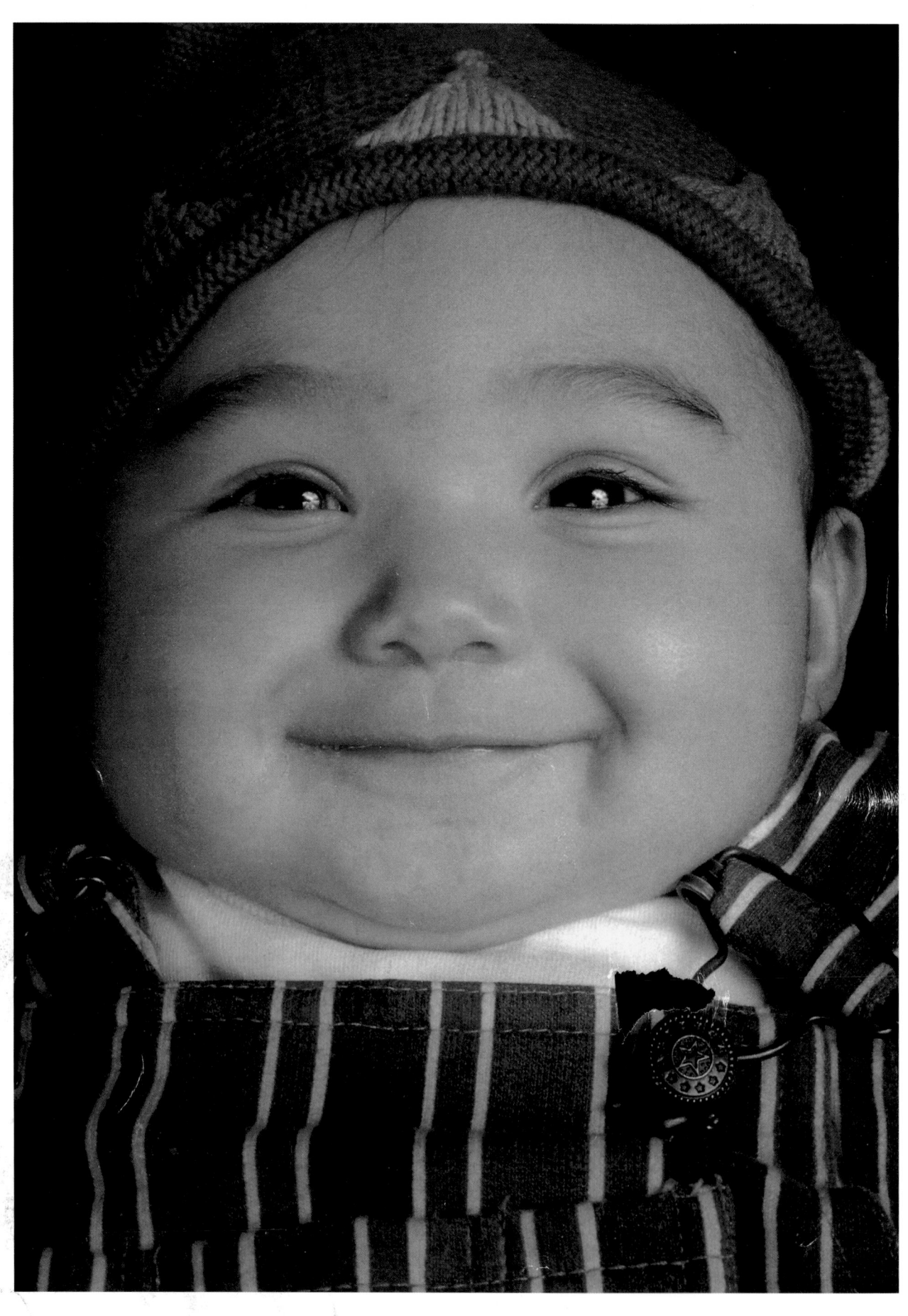

Bébé content

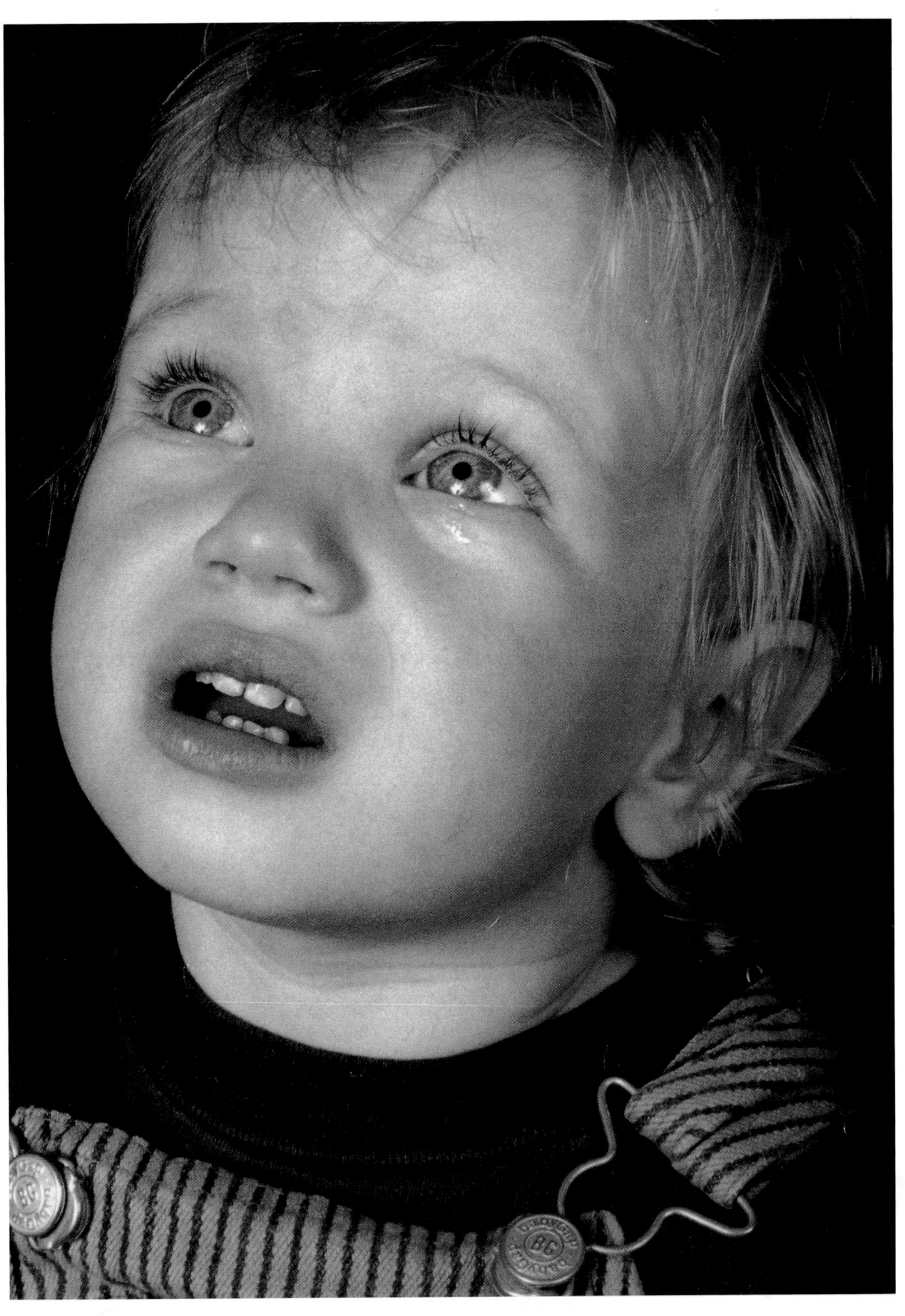

Bébé triste

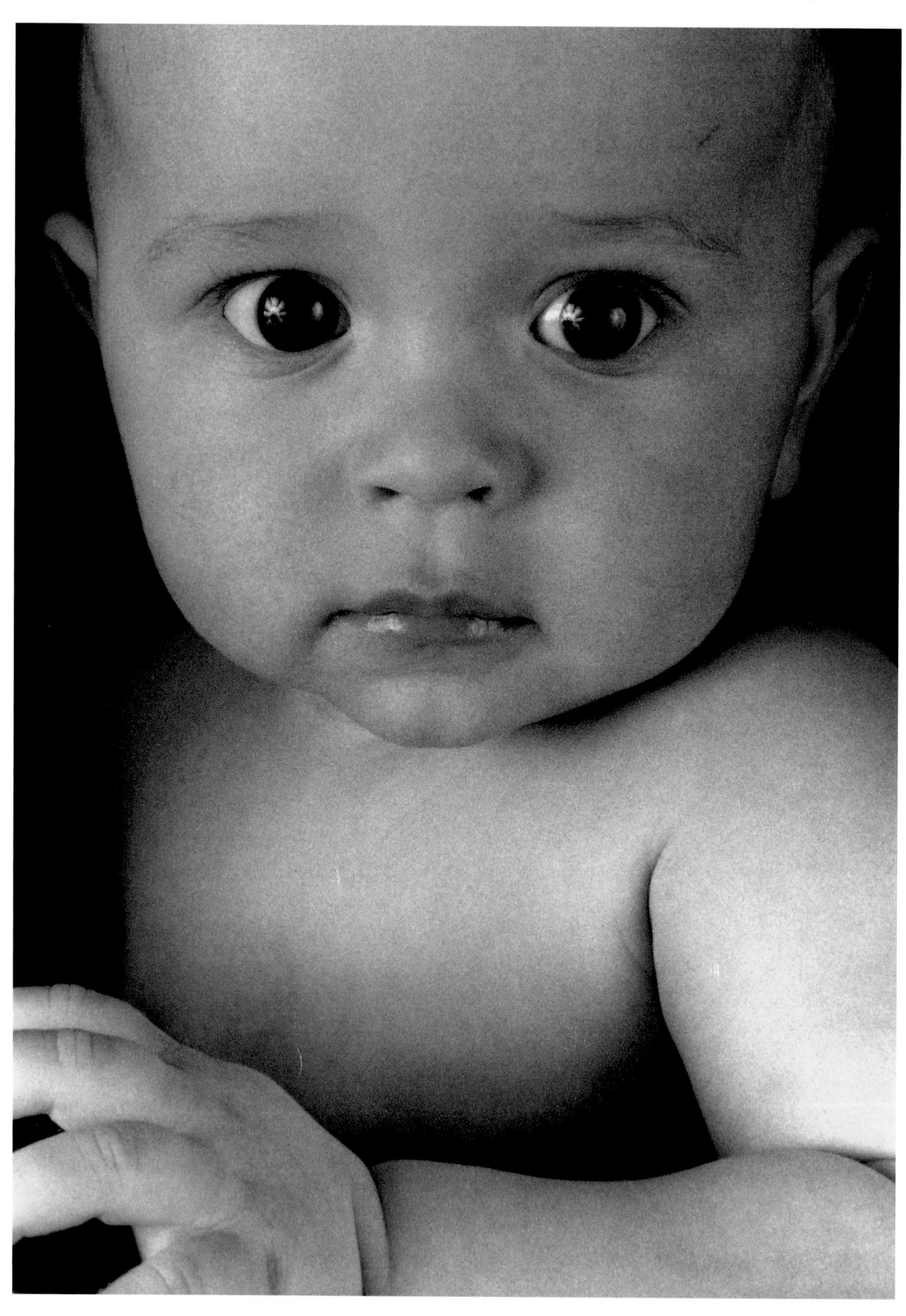

Bébé sage

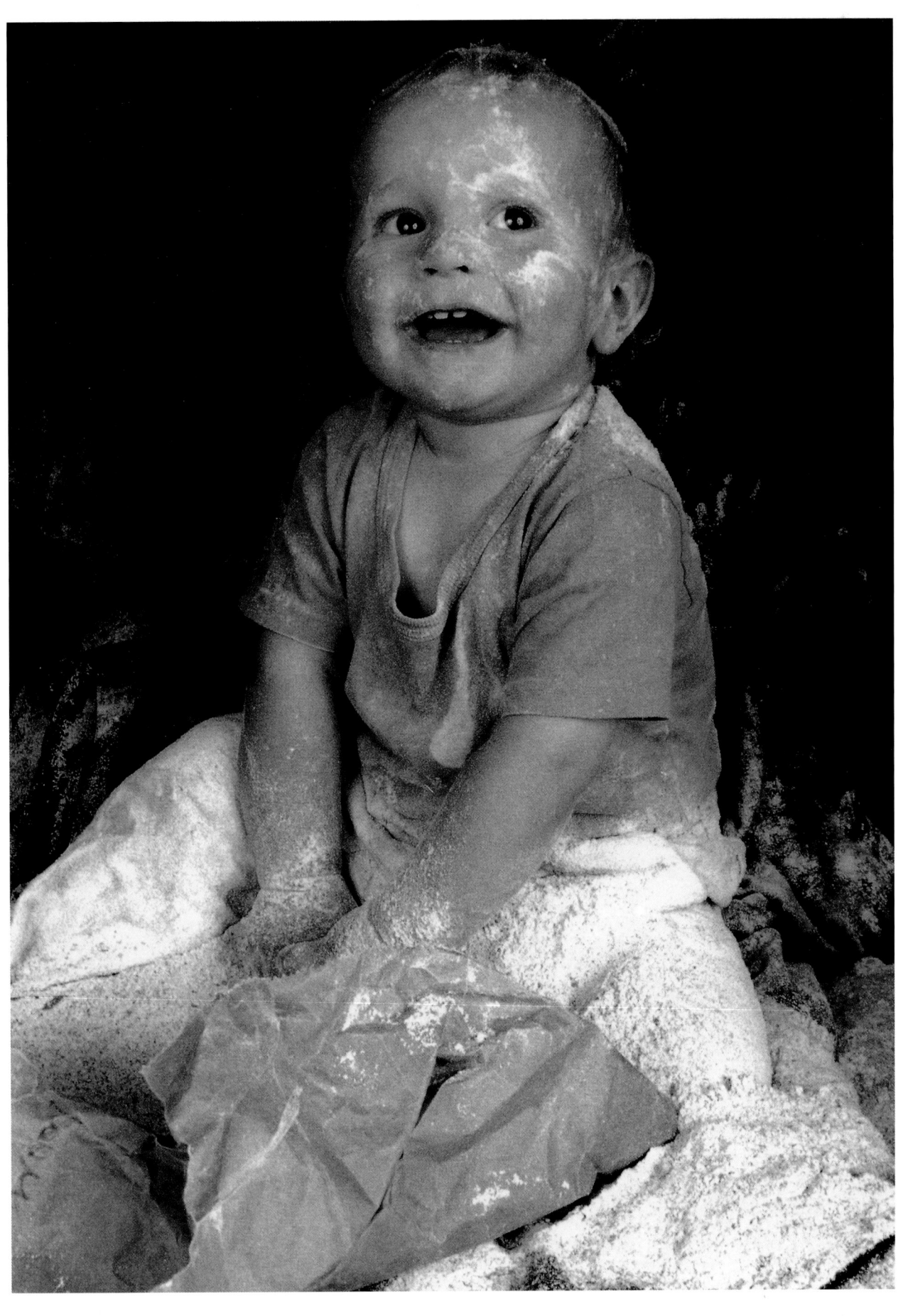

Bébé coquin

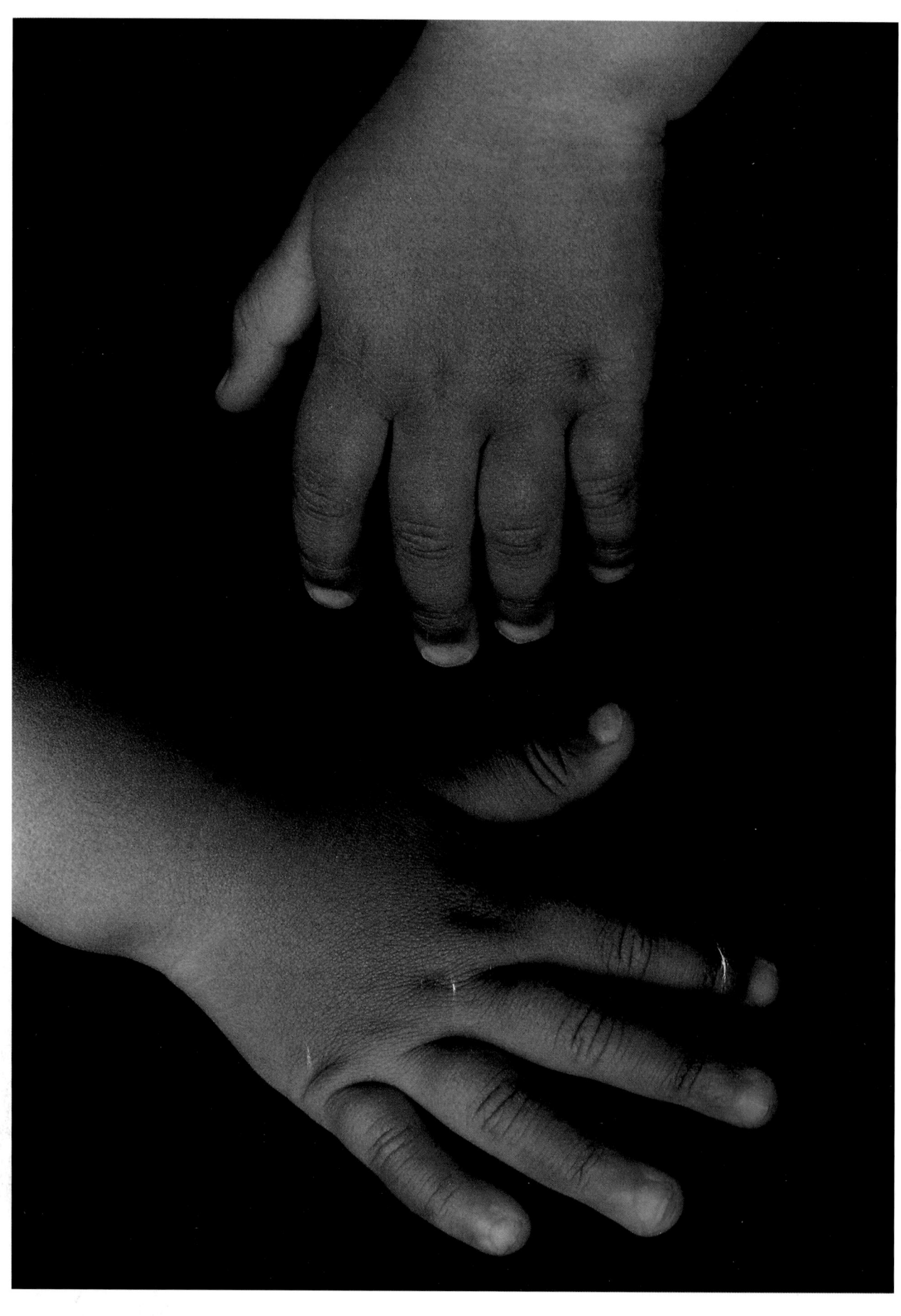

Les mains de Bébé

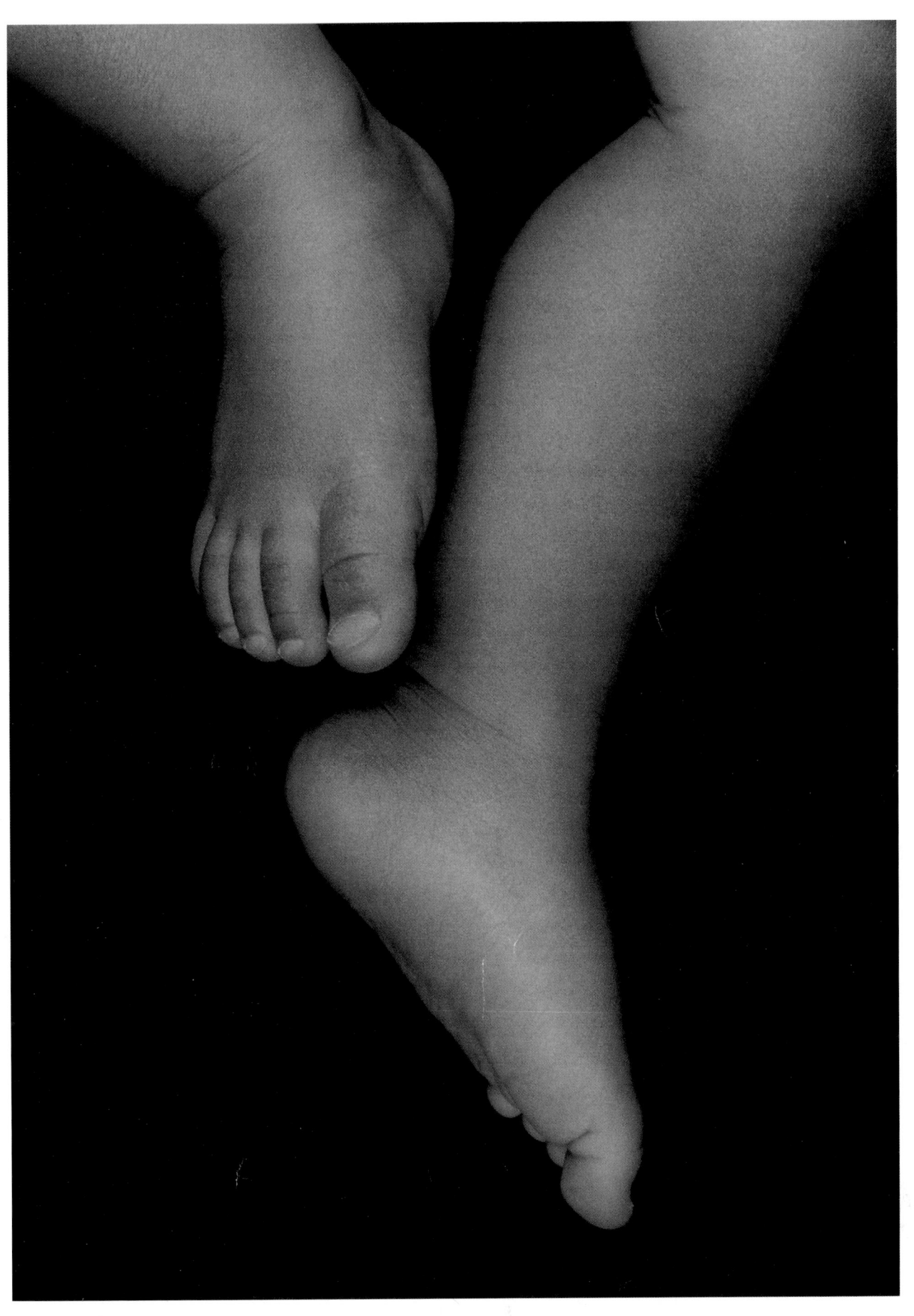

Les pieds de Bébé

Bébé barbouillé

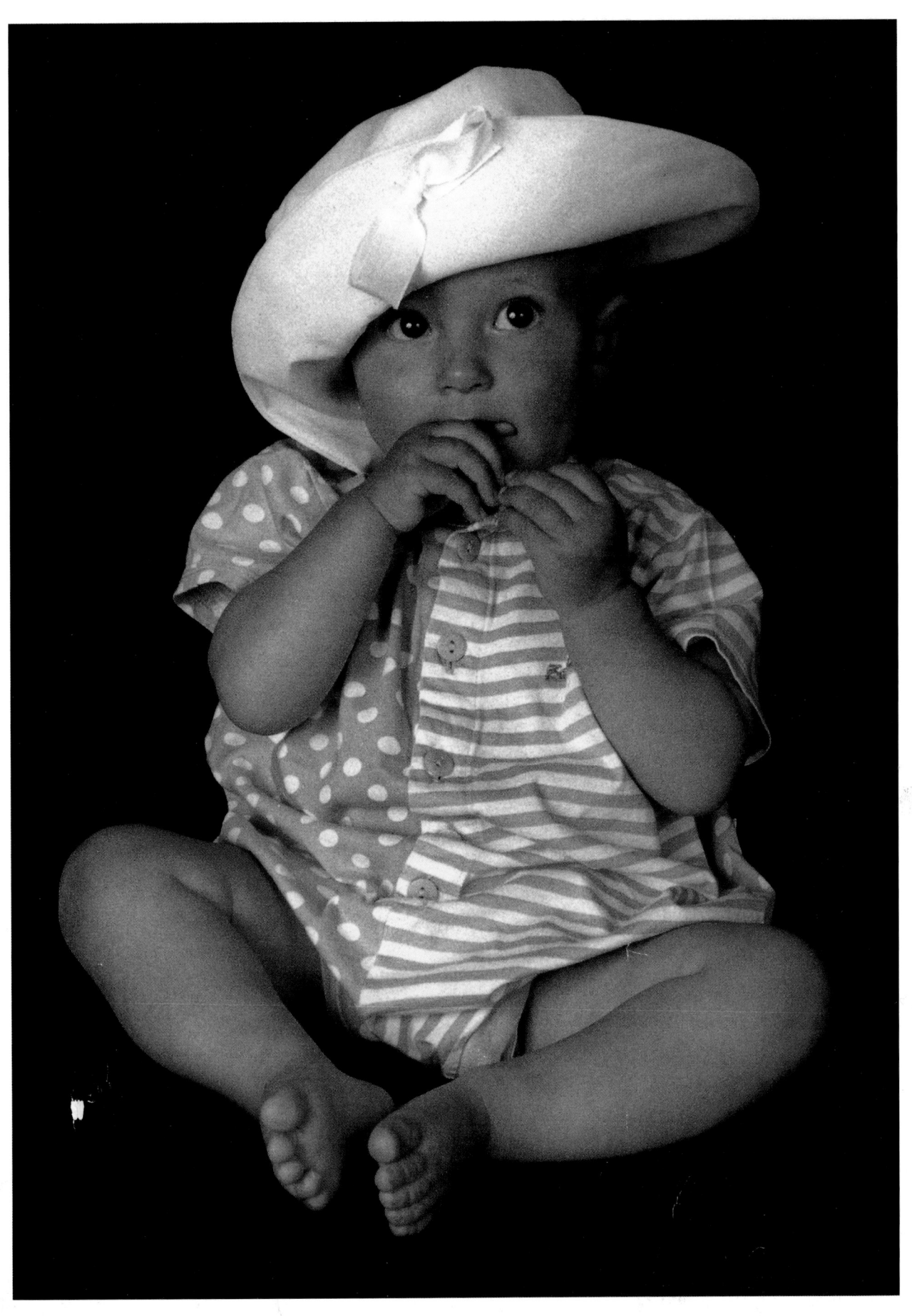

Bébé tout propre

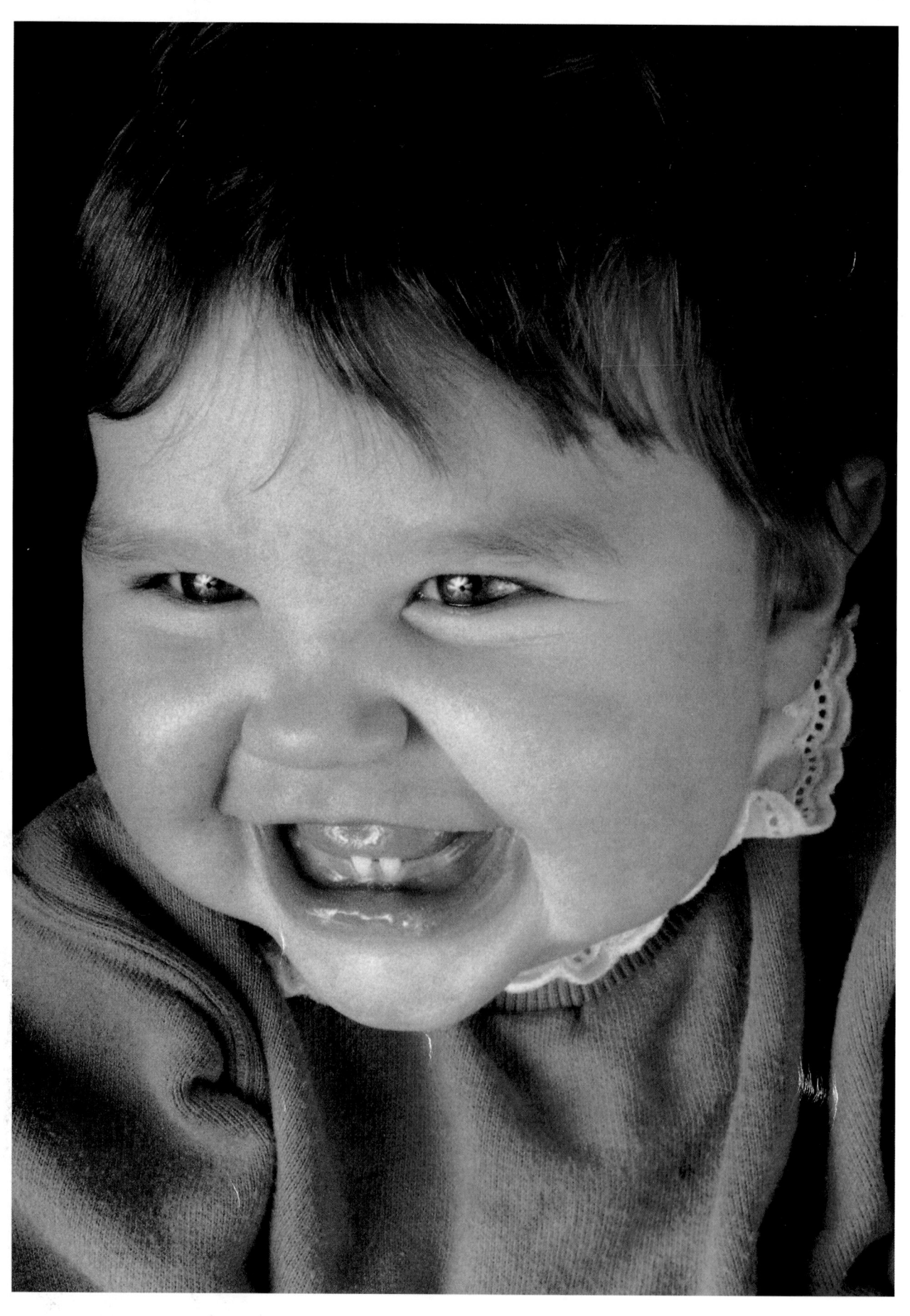

Bébé qui rit

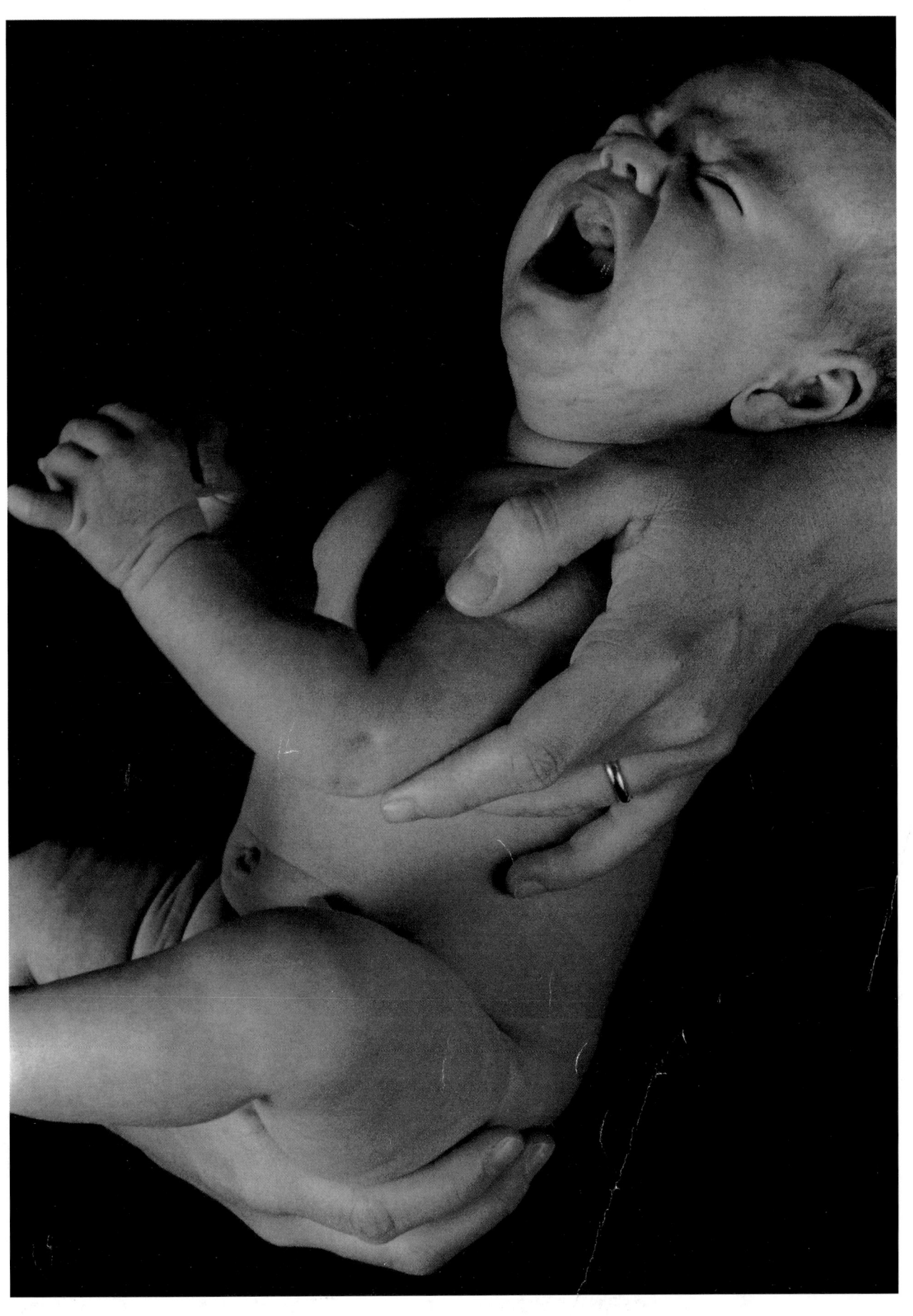

Bébé qui pleure

Bébé mouillé

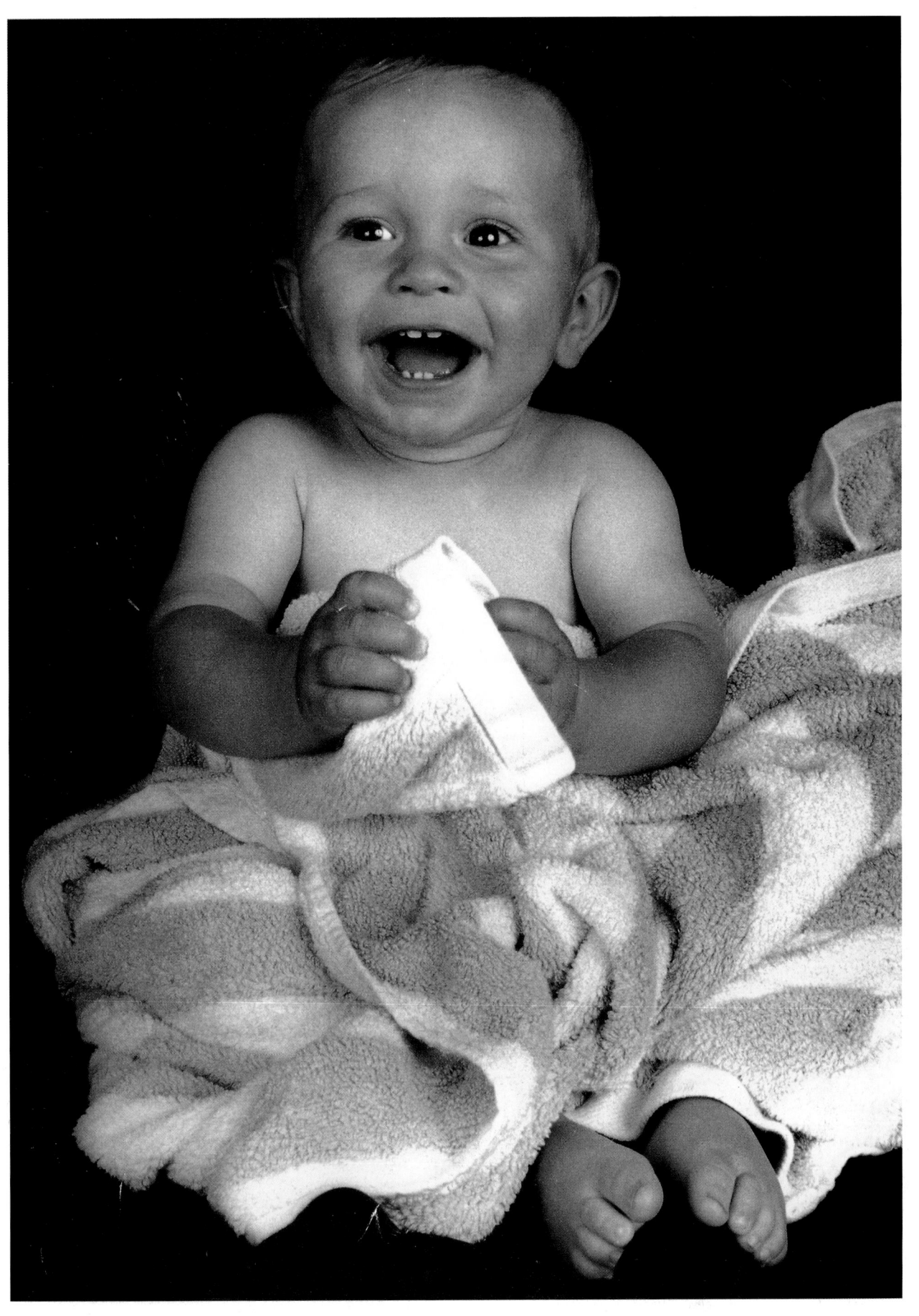

Bébé tout sec

Bébé habillé

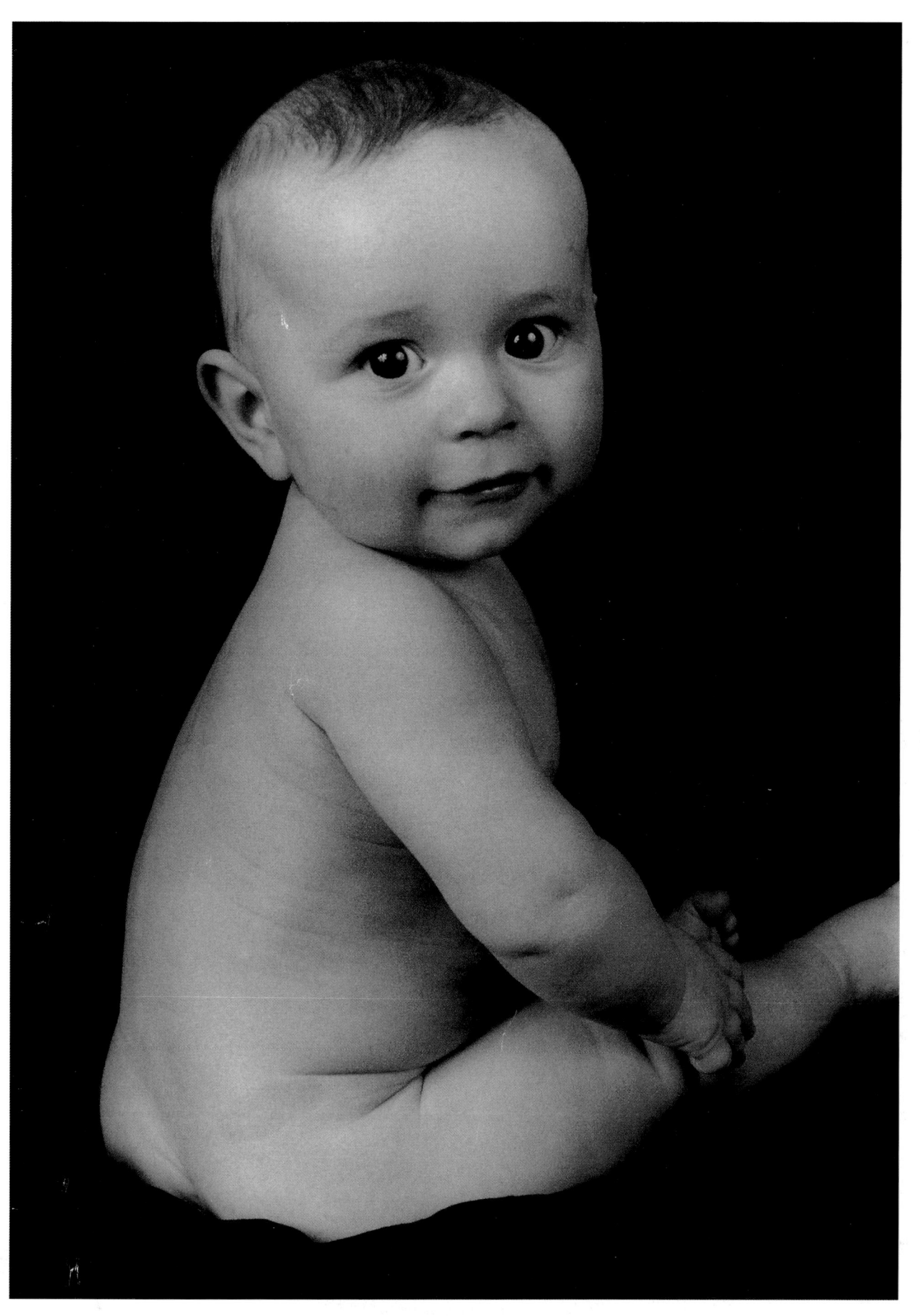

Bébé tout nu

Bébé chauve

Bébé chevelu

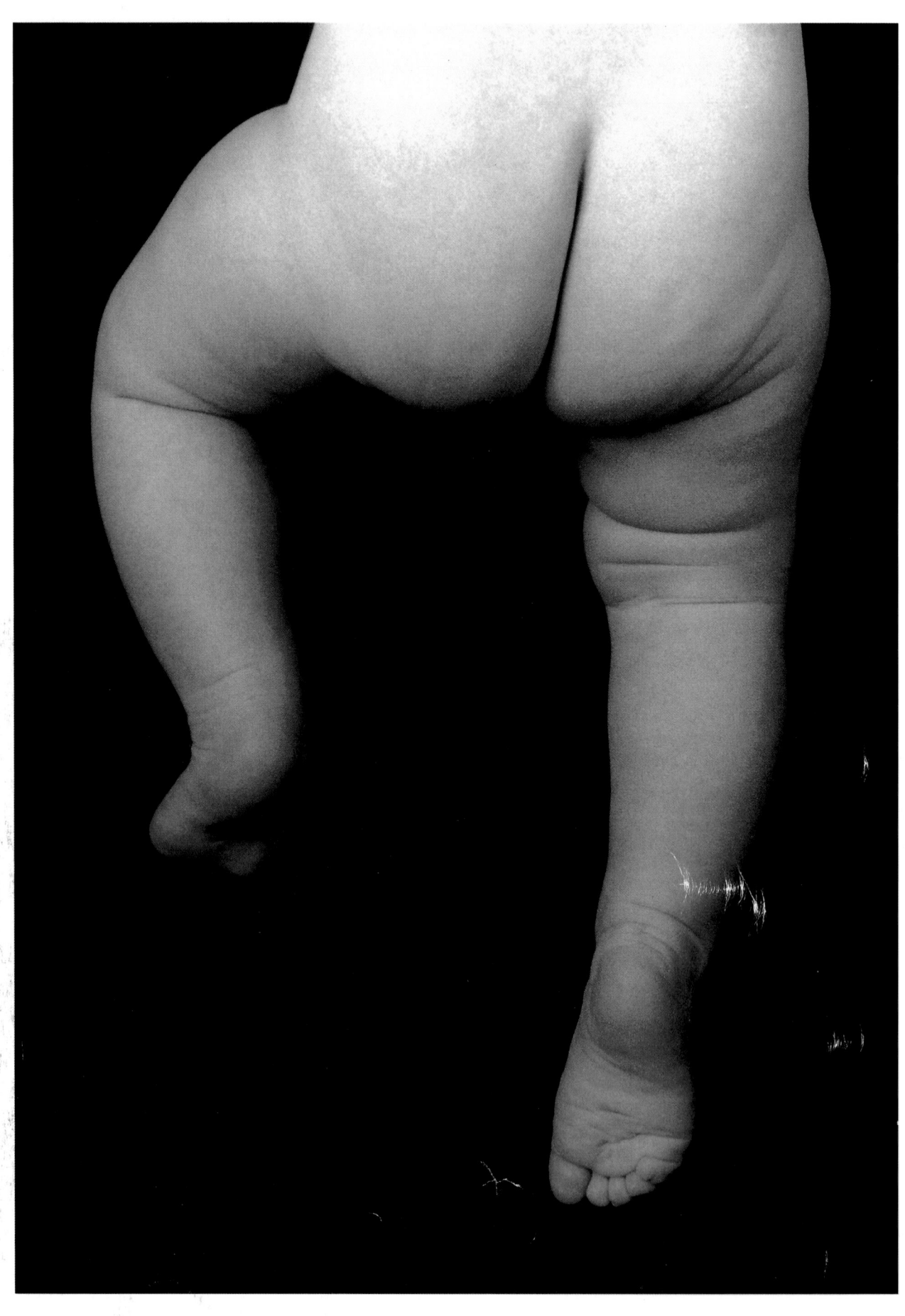

Les fesses de Bébé

La tête de Bébé

Bébé en voyage

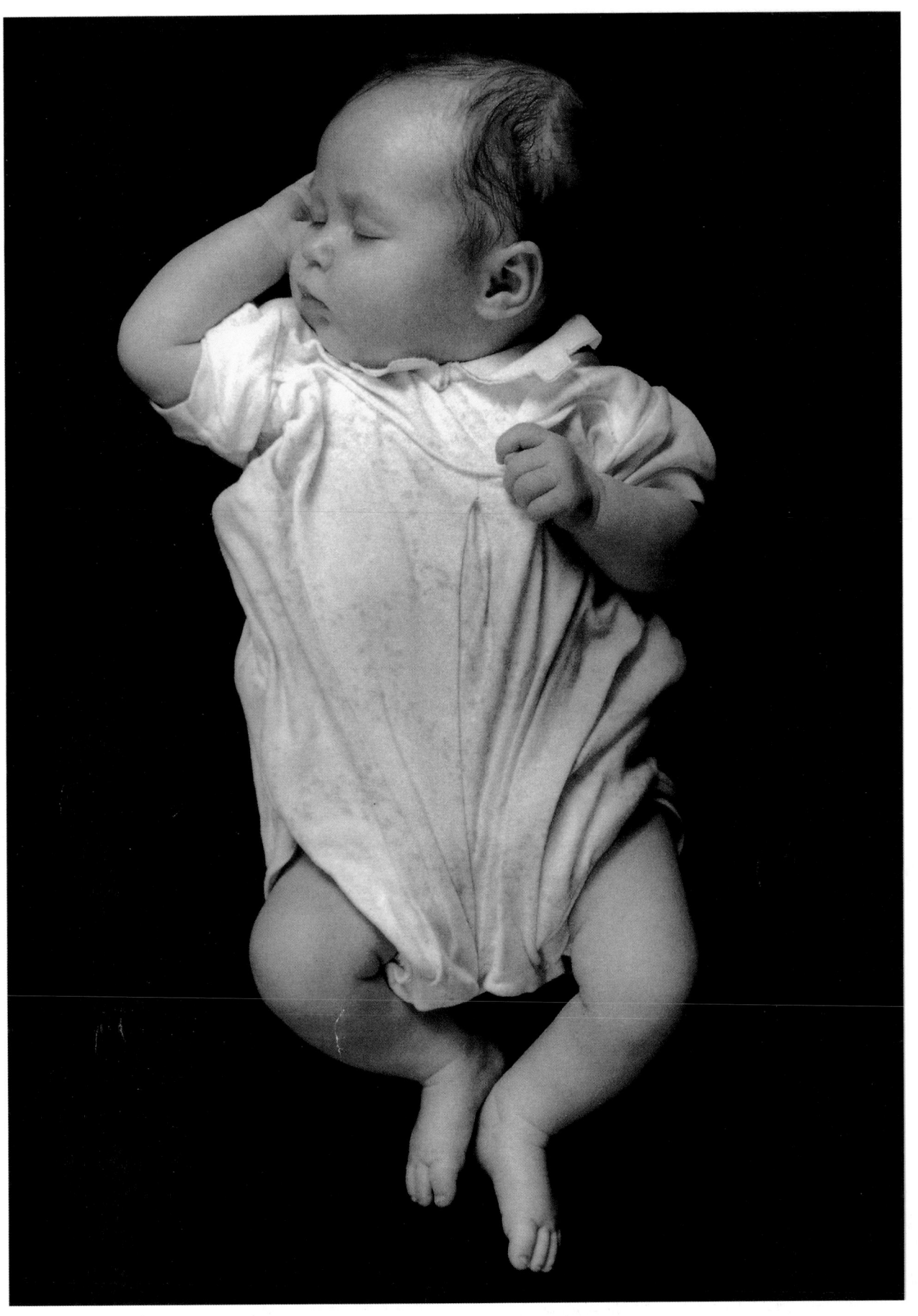

Bébé au repos

Bébé chuuut

Bébé boum boum

Bébé timide

Bébé hardi

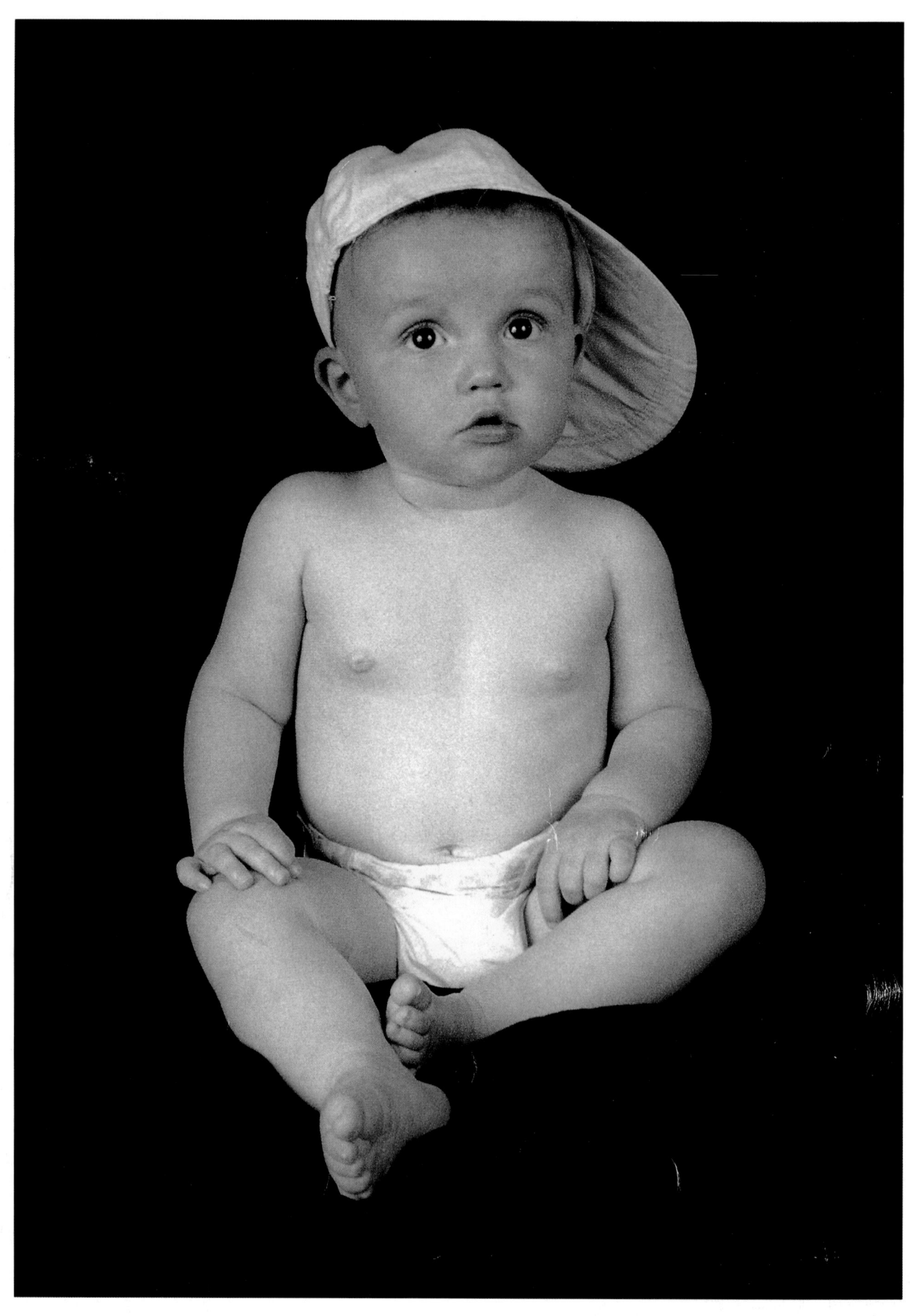

Un bébé

Deux bébés

De beaux bébés